Armin J. Husemann

Euthanasie

Praxis Anthroposophie – Dialoge, Initiativen, Entwürfe. Taschenbücher, die die Welt nicht nur als bestehende erfassen, sondern sie auch vorausdenkend weiterentwickeln möchten.

Über das Buch: Am Ende unseres 20. Jahrhunderts flammt eine Debatte wieder auf, die es schon zweimal in diesem Jahrhundert gegeben hat: zu Anfang, im Siegeszug des naturwissenschaftlichen Materialismus, und in der Mitte, zur Zeit der faschistischen und nationalsozialistischen Ideologien. Die Debatte um die Euthanasie ist ein Symptom für eine tiefgreifende Verunsicherung im menschlichen Selbstverständnis. Das zeigt Armin Husemann in klarer, präziser Darstellung und weist auf Wege hin zu einem vertieften Verständnis des Menschen.

Über den Autor: Armin J. Husemann, Jahrgang 1950, ist Arzt für Allgemeinmedizin und Leiter des Ärzte-Seminars an der Filderklinik. Im Verlag Freies Geistesleben sind erschienen: *Der musikalische Bau des Menschen. Entwurf einer plastisch-musikalischen Menschenkunde* (3. Auflage 1993), *Das Wort baut* und sein Beitrag über «Tonheileurythmie aus musikalischer Menschenkunde» in *Erziehen und Heilen durch Musik*, herausgegeben von Gerhard Beilharz.

ARMIN J. HUSEMANN

Euthanasie

Ein Symptom dieses Jahrhunderts

VERLAG FREIES GEISTESLEBEN

Die Deutsche Bibliothek – CIP-Einheitsaufnahme

Husemann, Armin J.:

Euthanasie: Ein Symptom dieses Jahrhunderts /
Armin J. Husemann. – Stuttgart: Verlag Freies Geistesleben, 1996
(Praxis Anthroposophie; 45)

ISBN 3-7725-1245-3

Einband: Walter Schneider, unter Verwendung
des Bildes «Unerlöster Kosmos» von Richard Hohly.
Standort: Städtische Museen Heilbronn

Druck: Clausen & Bosse, Leck

Inhalt

Vorwort

Der vorliegende Band ist die erweiterte Niederschrift eines öffentlichen Vortrages, den der Verfasser in verschiedenen Städten Deutschlands gehalten hat. Der Vortrag erläuterte die «Ärzte-Initiative gegen aktive Euthanasie», die von circa 800 Ärztinnen und Ärzten unterschrieben und in der Wochenzeitung *Die Zeit* vom 5. Mai 1995 veröffentlicht wurde. Außerdem wurde der Aufruf der Bundesjustizministerin zugeleitet.

Diese Initiative – und damit auch die vorliegende Schrift – erhielt den Anstoß aus der gemeinsamen Arbeit mit den Kolleginnen und Kollegen, die 1994/95 am Anthroposophischen Ärzte-Seminar an der Filderklinik bei Stuttgart teilgenommen hatten.

Wesentliche Anregungen und Korrekturen des Manuskriptes verdanke ich meinem Bruder Dr. med. Friedwart Husemann.

Stuttgart, im November 1995 *Dr. med. Armin J. Husemann*

Medizinisches Denken und ärztliche Moral

Naturwissenschaftlich gesehen gibt es keinen Grund, das Leben des Menschen nicht ebenso nach dem Nützlichkeitsprinzip zu beurteilen, wie wir das bei Pflanzen und Tieren gewohnt sind. Die Forderung der utilitaristischen Schule, Menschen, wenn es nützlich erscheint, zur Tötung freizugeben, ist insofern nur die radikal zu Ende gedachte Konsequenz des rein naturwissenschaftlichen Menschenbildes. Wenn die meisten Ärzte heute trotzdem anders denken, so müssen sie bei genauerer Untersuchung zugeben, daß sie die Quellen für ihre moralischen Motive nicht aus wissenschaftlicher Überzeugung beziehen, sondern woanders her. Die Entwicklung zeigt indessen deutlich, daß die unbewußten, aus Erziehung und tradierten Gefühls- oder Glaubensüberzeugungen stammenden Haltungen heute vor den aus der naturwissenschaftlichen Weltanschauung vorgebrachten Argumenten mehr und mehr kapitulieren. Ethische Prinzipien haben heute handlungsleitende Kraft, wenn sie einsehbar begründet sind. Alle anderen ethischen Richtlinien erweisen sich in der Praxis lediglich als Wortspiele ohne soziale Wirksamkeit. Das ärztliche und sozialtherapeutische Denken soll deshalb einer Prüfung unterzogen werden.

Im Tier- und Pflanzenreich wurden von Darwin und Haeckel Gesetzmäßigkeiten erforscht, die mit gewissen

Modifikationen bis heute ihre Gültigkeit bewahrt haben. Der Kern derselben kommt im Titel von Darwins Hauptwerk zum Ausdruck: *Die Entstehung der Arten durch natürliche Zuchtwahl oder: Die Erhaltung der begünstigten Rassen im Kampf ums Dasein* (1859). An der Tatsache, daß die erste Auflage dieses Buches noch am Tage seines Erscheinens vergriffen war,[1] kann man ablesen, daß breite Schichten des damaligen Bildungsbürgertums in diesem Buch das fanden, was ihrem Denken entsprach. Den Grundgedanken dieser Lehre kann man sich an einem Beispiel klarmachen: Bei Vogelarten, deren Junge nicht gleichzeitig, sondern um Tage versetzt ausschlüpfen, haben die zuletzt ausgeschlüpften Jungen während der ganzen Zeit der Aufzucht Mühe, sich gegen ihre älteren Geschwister durchzusetzen; nicht selten geht das zuletzt geschlüpfte Junge zugrunde, weil ihm die älteren Geschwister die Nahrung wegschnappen bzw. das geschwächte Tier einfach erdrücken. Was hier im Vogelnest zu beobachten ist, haben Darwin und Haeckel auch bei Tier- und Pflanzenarten z. B. in der Konkurrenz um die Nahrungsquellen ihres gemeinsamen Lebensraumes beschrieben. Die Arten setzen sich im «Kampf ums Dasein» so durch, wie es ihnen das Fähigkeitsprofil ihrer Art, ihre «Selektionsvorteile» gestatten. Vererbung und Anpassung im Sinne von Mutation und Selektion im «Kampf ums Dasein» werden auch heute noch als die beiden Grundkräfte der Evolution angesehen.

Wer Darwins Werk kennt, wird mit Recht einwenden, daß seine Lehre auf diese Weise unzulässig verkürzt und vereinseitigt wird. Das trifft zu. Es wurde indessen schon vielfach dargestellt, daß diese Vereinfachung noch zu Darwins Lebzeiten eine *historisch wirksame Tatsache* geworden ist. Und um diese letztere handelt es sich aus heutiger Sicht. An dieser Verengung waren keineswegs journalistische Popularisten allein schuld; die prominentesten Vertreter der wissenschaftlichen, darwinistischen Forschung, etwa Huxley[2] oder Haeckel, verfielen «im Kampf um das Dasein» ihrer neuen Idee bald in Vereinseitigung und Vereinfachung, um ihre Argumente zuzuspitzen. Sie wirkte aber vor allem in der Ausgestaltung ihrer Lehre, für die Konsequenzen im sozialen Leben, wie wir noch sehen werden. Darwin selbst hatte über den «Geselligkeitstrieb» und die *gegenseitige Hilfe* im Tierreich (unter Artgenossen) differenziert geschrieben.[3] Der Russe Kropotkin hat dann in seinem Werk *Gegenseitige Hilfe in Tier- und Menschenwelt*[4] versucht, dieser Seite von Darwins Werk mehr Gewicht zu verschaffen, sich ausdrücklich auf Darwins Ansätze, dessen Lehre er hoch schätzte, beziehend – was aber erfolglos blieb.

Den Menschen als das höchstentwickelte Tier zu begreifen, mag von den biologischen Tatsachen aus denkbar erscheinen. Das Unhaltbare dieser Auffassung wird aber in dem Augenblick offenkundig, wo Haeckel z. B. in seiner *Natürlichen Schöpfungsgeschichte* analog der «natürlichen Zuchtwahl» (Selektion) die «künstliche Zuchtwahl» in das Leben «menschlicher Artgenossen» einführt.[5] Er tut damit den Schritt aus der *Beobachtung der Natur* in die Beobachtung des sozialen *Verhaltens in der menschlichen Gesellschaft.* «Künstlich» heißt hier, daß der Mensch aus naturwissenschaftlicher Einsicht, z. B. in die Vererblichkeit von Erkrankungen, seinen Mitmenschen gegenüber bewußt «Selektion» betreibt. Solche Beispiele sah Haeckel in der menschlichen Geschichte verwirklicht, wenn die Spartaner und gewisse Indianerstämme kranke und schwache Neugeborene getötet haben. Im gleichen Sinne bewertete er die Tuberkulose positiv, an der damals noch viele Menschen starben, weil er davon ausging, daß eine vererbliche Anlage zur Anfälligkeit für Tuberkulose disponiere und diese Anlage dadurch weniger häufig weitervererbt würde.[6] In demselben Sinne lobte damals etwa der englische Physiologe John B. Haycraft Infektionskrankheiten und Alkoholschäden als «nützliche Auslesefaktoren».[7]

So stellt sich aus dieser Sicht die Frage, ob Kranken und Schwachen, Behinderten überhaupt geholfen werden soll.[8] Sie «verderben» genetisch die Art; sie verbrauchen Nahrung und Geld. «Der Schwache hindert die Entwicklung der Starken», lautet die Maxime des Sozialdarwinismus.

Was hat sich hier im wissenschaftlichen Denken vollzogen? Haeckel und Haycraft bemerken offenbar nicht, was geschieht, wenn eine Naturgesetzmäßigkeit Inhalt des menschlichen Denkens wird. Das Gesetz vom «Kampf ums Dasein» mag das Verhalten und die Evolution von Pflanze und Tier mit Naturnotwendigkeit bestimmen; tritt dieses Gesetz ins denkende Bewußtsein des Menschen, dann steht der Mensch *nicht* in allen Fällen unter dem Zwang, nach dem Prinzip des Kampfes ums Dasein handeln zu müssen. Was bei Pflanze und Tier ein ihr Verhalten bestimmendes Naturgesetz ist, wird im Menschenbewußtsein zu einem *Handlungsmotiv, das in Konkurrenz tritt mit anderen Motiven.* Das heißt: In dem Augenblick, wo der Mensch sich diese Gesetzmäßigkeit bewußt macht, *hört sie auf, als Naturgesetz zu wirken.*

Es gibt natürlich Schichten und Handlungsweisen, in denen der Mensch *denselben* Naturnotwendigkeiten unterliegt wie Pflanze und Tier; aber man darf die Grenze nicht verschlafen, wo die Wirksamkeit der Naturgesetze als solche im Menschen aufhört. Durch die Unaufmerksamkeit dieser Schwelle gegenüber entwickelte sich die Forderung nach «künstlicher Selektion»: 1895 forderte z. B. der deutsche Jurist Jost die gesetzliche Möglichkeit, unheilbar Kranke zu töten. In den Jahren 1890 bis 1900 wurde über 10 Jahre hin in der *Westminster Review* eine Diskussion über die Tötung von Geisteskranken geführt.[9] 1920 erschien von dem Reichsgerichtspräsidenten Karl Binding und dem Psychiater Alfred Hoche die weitverbreitete und wirkungsvolle Schrift *Die Freigabe der Vernichtung lebensunwerten Lebens. – Ihr Maß und ihre Form.*[10] Die Autoren forderten die Freigabe der Tötung Unheilbarer auf deren Verlangen, aber auch «das Recht, unheilbar Geisteskranke und Schwachsinnige ... ohne deren Zustimmung zu töten».[11] Von 1936 bis 1941 (!) wurde fünf Jahre lang im *British Medical Journal* über aktive Euthanasie diskutiert.[12] Der französische, damals in den USA lebende Nobelpreisträger Alexis Carrel schlug in seinem Buch *Man – the unknown (Der Mensch, das unbekannte Wesen)* 1935 vor: «Wer aber gemordet (hat) ... mit dem sollte in humaner und wirtschaftlicher Weise Schluß gemacht werden, in kleinen Anstalten für schmerzlose Tötung, wo es die dazu geeigneten Gase gibt. Ebenso müßte man zweckmäßigerweise mit jenen Geisteskranken verfahren, die sich ein Verbrechen zuschulden haben kommen lassen. Die moderne Gesellschaft muß endlich entschlossene, grundsätzliche Maßnahmen treffen, und zwar mit *dem Endziel, dem normalen Individuum zu seinem Recht zu verhelfen.* Vor einer solchen Notwendigkeit haben philosophische Dogmen und sentimentale Vorurteile zu verstummen.»[13]

Im *American Journal of Psychiatry* forderte ein Neurologe einer renommierten Universität noch 1942 die Tötung schwachsinniger Kinder; sie seien «Fehler der Natur».[14] Wie sich die Euthanasie während der NS-Herrschaft in Deutschland entwickelte, ist bekannt und in dem Standardwerk von Ernst Klee *Euthanasie im NS-Staat* dargestellt. Schon hier sei darauf hingewiesen, daß es keinen *wesentlichen* Unterschied bedeutet, ob man nach Carell «dem *normalen Individuum* zu seinem Recht verhelfen» will oder den Menschen, die man glaubt, einer «arischen Herrenrasse» zuordnen zu können. *Welche* Kriterien der Lebens-Bewertung zugrunde gelegt werden, spielt keine Rolle. Daß man sich anmaßt, das Leben anderer Menschen zu bewerten, entstammt einem Denken, das den Menschen nicht mehr vom Tier unterscheiden kann. Wir wenden uns deshalb zunächst der Frage zu: Wo liegt die Grenze zwischen Mensch und Tier?

Wo liegt die Grenze zwischen Mensch und Tier?

Um den wesentlichen Unterschied von Mensch und Tier tiefer zu verstehen, soll der Blick auf das Phänomen der *Pubertät* gerichtet werden. Denken wir uns einen jungen Mann von 14 bis 15 Jahren, der mit seinen Eltern zu einem Familienfest bei Verwandten eingeladen ist. Angefangen bei der Kleidung über die Haartracht bis zu dem Stil der Begrüßung ziehen sich die Diskussionen nach dem Muster: «So kannst du doch deinen Patenonkel nicht begrüßen, gib ihm wenigstens die Hand» – «Ich begrüße den, wie's mir paßt; freut ihr euch an eurem Stil und laßt mir meinen.»

Was wir «Pubertät» nennen, ist jene Entwicklungskrise, in der vieles, was von den Eltern kommt, in Zweifel gezogen und in Frage gestellt wird. Der Jugendliche will seinen eigenen Gefühlen folgen und opponiert dagegen, Gefühls-, Handlungs- und Denkweisen von den Eltern zu übernehmen. Würden wir uns einen solchen Jungen vorstellen, der in seiner Kleidung und seinen Umgangsformen genau dem Vorbild seiner Eltern *entspricht,* der das Hobby seines *Vaters* pflegt, in denselben *Verein* geht, in dem der Vater den Vorsitz führt, der wie der Vater Versicherungskaufmann werden will, der *dieselbe* Partei wählen möchte und *dieselbe* Musik wie der Vater liebt – wir hätten mit Recht die besorgte Frage, ob hier eine gesunde Entwicklung vorliegt. Genau dieses beobachten wir aber im Tierreich.

Indem das Tier geschlechtsreif wird, wächst es *bruchlos in das Verhaltensrepertoire, das seiner Art und damit seinen Eltern entspricht, hinein.* Es ist nicht imstande, die Verhaltensweisen in Frage zu stellen, die von den Eltern vererbt oder durch Nachahmung (Prägung) erworben sind. Das Tier erfüllt seine Wesensbestimmung, indem es in der *Art,* in der Lebensform seiner Eltern und Voreltern aufgeht. Deshalb ist das Tier auch mit Eintritt der Fortpflanzungsfähigkeit seiner Art «erwachsen», sein Wachstum ist abgeschlossen. Der Mensch wächst noch circa acht Jahre über den Zeitpunkt seiner Geschlechtsreife hinaus.

Die hohe Intelligenz, die wir im tierischen Verhalten am Werke sehen, vom Bau der Honigwabe bis zum Wunder des Vogelzugs – diese Intelligenz ist eine *handelnde* Intelligenz. Sie kann ein Entscheidendes nicht: Sie kann nicht zweifeln. Den Tieren gelingt ihr ökologisch weisheitsvolles Leben und Gestalten in der Natur ebenso fraglos, wie die hormonelle Steuerung des Blutzuckerspiegels oder die Anordnung und Färbung der pflanzlichen Blütenblätter vonstatten geht.

Das Spezifisch-Menschliche

In dem jungen Menschen, der das Gegebene in Frage stellt und seine eigenen individuellen Lösungsversuche an die Stelle überlieferter Vorgaben setzt, haben wir die Aktion der *individuellen Menschenwesenheit* vor uns. Sie wächst über das, was die biologische Art liefert, nicht nur physisch, sondern auch seelisch-geistig hinaus. Der Mensch lebt in den auch dem Tier eigenen leiblichen Notwendigkeiten, und er hat insofern auch ein «Tier» in sich. Ebenso hat er pflanzliche, mineralische oder mechanische Gesetzmäßigkeiten in sich. Aber er erweitert jene Gesetzmäßigkeiten durch diese Kraft, die in der menschlichen Pubertät so bewundernswert hervortritt: die Kraft des eigenen Suchens und Denkens, *die Opposition gegen «die Art»*.

Wie der Mensch seinen Leib *aufrichtet* und damit auf einer minimalen Unterstützungsfläche ein ständig gefährdetes, labiles Gleichgewicht durch Eigenaktivität balanciert – vom Fall bedroht wie kein Tier je –, so drängt diese Ich-Wesenheit des Menschen die artgebundene Sicherheit des Verhaltens zurück und setzt ihre individuelle Lösung an deren Stelle. Auch hier gefährdet der Mensch eine dem Tier von der Natur her gegebene Sicherheit. Die *Lust an der Gefahr* und ihre Bewältigung, wie sie in der Pubertät und z. B. im Extremsport zutage tritt, ist ein rein menschliches Kennzeichen. Das Ich will sich selbst und seine Souveränität über die Bedrohung des Lebens erfahren.

Das so gekennzeichnete Verhältnis des Menschen zum Tier faßte Goethe in die Worte zusammen: «Das Tier wird durch seine Organe belehrt. Der Mensch belehrt die seinigen und beherrscht sie.»[15] Daß der Mensch durch das, was ihn vom Tier unterscheidet, heute sogar die Existenz der ganzen Natur in Frage stellt, das zeigt, daß wir allen Anlaß haben, diese Ich-Organisation des Menschen, wie Rudolf Steiner sie nennt,[16] zu erforschen.

Die Fähigkeit zu irren

Indem der Mensch so lebt, unterliegt er dem Risiko des Irrtums; indem er aus Irrtum handelt, wird er schuldig. Tiere sind unschuldig. Die Schuldfähigkeit des Menschen und damit seine moralische Verantwortlichkeit ist also nur die andere Seite seiner Denkfähigkeit. Das hat sich aus unserem Rechtsempfinden in den gesetzlichen Bestimmungen niedergeschlagen. Ein alkoholisierter Autofahrer, der ein Kind zu Tode bringt, ist vermindert schuldfähig – was den Tod des Kindes betrifft –, weil diejenige Fähigkeit durch Alkohol herabgemindert wird, durch die er sich der Gefährlichkeit seines Tuns bewußt werden kann, durch die er sich die Folgen seines Handelns vorstellen kann: das Denken.

Aus demselben Grund wird etwa einem neunjährigen Kind, das einem anderen mit einem Pfeil das Auge schwer verletzt hat, keine volle Schuld zugerechnet; es fehlt ihm noch die Vorstellungskraft des Denkens, durch die es die möglichen Gefahren seines Handelns im voraus überblicken könnte.

Wir haben damit im selbstbewußten Denken den Wesensunterschied von Mensch und Tier erfaßt und damit zugleich die Quelle der moralischen Verantwortlichkeit. Daraus stellt sich die Frage: Was für ein Verhalten ist «Denken»?

Denken – eine verkannte Fähigkeit

Wenn wir sagen: «Das ist ein Widerspruch» oder: «Das ist keine Begründung»; wenn wir fragen «Warum?» oder «Wann?», dann haben wir mit solchen Gedanken sehr eigentümliche Tatsachen vor uns. Niemand hat einen «Widerspruch» oder eine «Begründung» oder ein «Warum» je gesehen oder gewogen – es handelt sich hier um *klar umrissene übersinnliche Tatsachen.* Im Denken, auch in demjenigen, das wir gebrauchen, um naturwissenschaftliche Tatsachen zu begreifen, handhaben wir ständig übersinnliche Kräfte. Es ist ein gewaltiger, aber sehr verbreiteter Irrtum anzunehmen, daß etwa die *Beweiskraft* eines reproduzierbaren Meßergebnisses *aus diesem Ergebnis selbst* stamme. Daß ein naturwissenschaftlicher Befund Beweiskraft erlangt, verdankt er einzig und allein dem *Denken,* das diese Sinneswahrnehmung in denjenigen begrifflichen Zusammenhang stellt, der ihm dann Beweiskraft zuerteilt.[17] Es liegt im Wesen einer Naturwissenschaft, die den Blick auf die Gesetze des Denkens als «Philosophie» überwunden zu haben glaubt, daß sie die Technik, das Denken zu beobachten und richtig einzuschätzen, allmählich ganz verloren hat.

Wer glaubt, daß Naturwissenschaft ihre Wirklichkeit *im wesentlichen* aus der Abstützung auf die Sinnestatsachen habe, kommt, wenn er konsequent denkt, mit der nichtsinnlichen Wesenheit des Denkens notwendig in Schwierigkeiten. Dies gilt z. B. für John Stuart Mill. Mill hat die Denkweise der Naturwissenschaft und die Ethik des Utilitarismus maßgebend geprägt. Seine Wissenschaftstheorie setzt sich fort bis zu Karl Popper, seine Ethik bis zu Peter Singer.[18]

Woher stammt nach Mill die *Sicherheit* eines Urteils wie: «Alle Menschen sind sterblich»? Daher, daß wir über unzählige Beobachtungen verfügen, daß Menschen gestorben sind. Dies macht die Aussage «alle Menschen sind sterblich» zu einer solchen, die *höchst wahrscheinlich* ist, weil es in Anbetracht aller zugänglichen Beobachtungen sehr unwahrscheinlich ist, daß wir jemals einem unsterblichen Menschen begegnen werden. Für *völlig ausgeschlossen* hält Mill diese Möglichkeit aber nicht! Denn er sagt sich: Die Sicherheit unserer Urteile beruht auf den *wiederholten Beobachtungen der Sinnestatsachen.* Hingegen ist durch nichts *sicher* zu beweisen, daß unsere Art, *Vorstellungen miteinander zu verknüpfen*, auch der Art entspricht, wie die Tatsachen der Welt miteinander verknüpft sind.

Mill ist von Mißtrauen gegen das Denken erfüllt. Angenommen, es würde ihm tatsächlich ein Mensch begegnen, der unsterblich ist, dann sähe sich Mill gezwungen, sein Urteil zu korrigieren. Er müßte sagen: «Die *meisten* Menschen sind sterblich, nicht alle.» Völlig anders würde etwa Hegel in einem solchen hypothetischen Fall denken. Er würde sagen: «Alle Menschen sind sterblich. Das hier aufgetretene, unsterbliche Wesen ist also kein Mensch.» Hegel vertraut den Begriffen, die sein Denken bildet, weil er sein Denken als eine Erscheinung unter den übrigen Erscheinungen der Welt begreift. Er fühlt sich denkend als ein Teil der Welt. Für Hegel ist das Denken der Menschen ebenso eine Welttatsache wie das Wachsen der Gräser. Mill mißtraut seinem Denken, weil ihm die Stellung, die das Menschen-Denken als Tatsache im Weltgeschehen einnimmt, rätselhaft bleibt. Er denkt so, als sei sein eigenes Denken ein von der Welt völlig abgesonderter, mit ihr durch nichts verbundener Vorgang;[19] zweifellos deshalb, weil im Denken nicht-sinnliche Tatbestände auftauchen, Mill sich aber ganz auf die Sinnestatsachen abstützen will.

Die Schwierigkeit, das Denken vorurteilslos neben die übrigen Welterscheinungen zu stellen, hängt aber auch damit zusammen, daß es auf dem *subjektiven* Schauplatz unseres Bewußtseins auftritt. Philosophen, die so denken wie Mill, dürften heute kein Flugzeug besteigen. Es verdankt seine Existenz und seine Funktionstüchtigkeit einzig dem *Denken!* Sofern das Flugzeug sicher startet und landet, beweist es *den Wirklichkeitsgehalt jener Gedankenverknüpfungen,* mit denen die Konstrukteure es erdacht haben. Diese *Wirklichkeit* hatten die Gedanken aber auch schon in ihrer Form als «subjektive Vorstellungen» und nicht erst als objektiv gewordene Maschine. – Wir müssen also eine Unterscheidung treffen, die man im Utilitarismus vergeblich sucht: die Unterscheidung zwischen dem *Wesen* einer Sache und ihrer *Erscheinung.* Im Denken *kann* die objektive Wirklichkeit der Welt auf eine subjektive, individualisierte Weise erscheinen. – Von der Verleugnung des Denkens zu der Leugnung des individuellen Menschenwesens, das sich darin seiner selbst bewußt wird, führt ein gerader Weg mit eindeutigen sozialen und politischen Folgen. Das läßt sich am verhaltenstheoretischen Begriff des Menschen am besten zeigen.

«Die Abschaffung des ‹autonomen Menschen› ist überfällig.» (B. F. Skinner)

Konsequente Naturwissenschaft will keine anderen Wahrnehmungen als wissenschaftswürdig gelten lassen als solche, die mit den Sinnen beobachtbar und reproduzierbar sind. Ein Wissenschaftler, der so dachte, war der vor einigen Jahren gestorbene B.F. Skinner. Der Gegenstand seiner Verhaltensforschung waren Tiere und Menschen. Als konsequenter Behaviorist läßt er nichts gelten als das, was er an Verhaltensänderungen am Menschen *von außen* beobachten kann. Da er nun bemerkt, daß der Mensch zwischen einem Reiz und einer Reaktion eine von außen nicht beobachtbare Tätigkeit vollzieht, die unter Umständen unvorhersehbare Reaktionen zeitigt; da Skinner also die Tätigkeit bemerkt, die wir «Denken» nennen, muß er feststellen, daß diese Tätigkeit «nicht sichtbar ist».

Skinner stößt auf eine Wirklichkeit, die sich nicht leugnen läßt, obwohl sie nicht sinnlich erfahrbar ist: auf die Wirklichkeit des Denkens. Da er es für «nicht wissenschaftlich» hält, diese Tätigkeit *bei sich selbst* zu untersuchen – das wäre «subjektiv» –, erklärt er diesen Bereich für nicht erforschbar. Was *im* Menschen sich vollzieht, nennt er die «black box». Und für das Denken erfindet er, jetzt in bemerkenswerte Inkonsequenz fallend, die Definition des «verdeckten Verhaltens» – hat er doch «Verhalten» streng als das definiert, was beobachtbar ist. Er unterstellt damit, daß das, was in der «black box» einerseits als nicht beobachtbar gedacht wird, seiner Wirklichkeit nach doch dieselbe Natur haben müsse wie das Beobachtbare.[20]

Das Dogma, wonach das Denken als solches wissenschaftlicher Analyse nicht zugänglich ist, verführt Skinner erst zur Inkonsequenz und dann zu reiner Spekulation. Das Ergebnis liest sich dann so: «Die Vorstellung, die sich aus einer wissenschaftlichen Analyse ergibt, ist nicht die eines Körpers mit einer Person darin, sondern die eines Körpers, der eine Person *ist* in dem Sinne, daß er ein komplexes Verhaltensrepertoire entfaltet. Diese Vorstellung ist natürlich ungewohnt. Stellt man einen Menschen so dar, erscheint er als ein Fremder, und vom traditionellen Standpunkt aus gesehen hat er vielleicht überhaupt nichts Menschenähnliches an sich ... Man erklärt uns, daß das, was [durch diesen behavioristischen Ansatz] bedroht ist, der ‹Mensch qua Mensch› sei, der ‹Mensch in seiner Menschlichkeit›; der ‹Mensch als Du und nicht als Es›; der ‹Mensch als Person und nicht als Ding›. Das sind nicht sonderlich hilfreiche Formulierungen, doch liefern sie uns einen Schlüssel. Was im Begriff ist, abgeschafft zu werden, ist der ‹autonome Mensch› – der innere Mensch, der Homunkulus, der besitzergreifende Dämon, der Mensch, der von der Literatur der Freiheit und der Würde verteidigt wird. Seine Abschaffung ist seit langem überfällig. Der ‹autonome Mensch› ist ein Mittel, dessen wir uns bei der Erklärung jener Dinge bedienen, die wir nicht anders erklären können. Er ist ein Produkt unserer Unwissenheit, und während unser Wissen wächst, löst sich die Substanz, aus der er gemacht ist, immer mehr in Nichts auf. Die Wissenschaft entmenschlicht den Menschen nicht, sie ‹dehomunkulisiert› ihn, und es bleibt ihr nichts anderes übrig, wenn sie der Abschaffung der menschlichen Spezies vorbeugen will. Wir können froh sein, wenn wir uns von diesem Menschen im Menschen befreit haben. Nur wenn wir ihn seiner Rechte entsetzen, können wir uns den echten Ursachen menschlichen Verhaltens zuwenden. Und nur dann können wir vom Abgeleiteten zum Beobachteten gelangen, vom Wunderbaren zum Natürlichen, vom Unzulänglichen zum Beeinflußbaren.»[21]

Wir sehen, welche Konsequenzen es hat, wenn das Denken die Wahrnehmungen seiner eigenen Innenwelt, seines eigenen Wesens ausblendet. Wer das Denken aus dem Auge verliert, der verliert auch das darin tätige Wesen, den Menschen, sich selbst.

Skinner fährt fort: «Es wird oft behauptet, daß wir, wenn wir das tun [d. h. uns von der Fiktion des ‹autonomen Menschen› befreien, A. H.], den Menschen, der überlebt, als bloßes Tier behandeln müßten. ‹Tier› ist hier ein abwertender Begriff, aber nur, weil der Begriff ‹Mensch› fälschlicherweise aufgewertet worden ist.»[22]

Der Staat, in dem «der autonome Mensch seiner Rechte entsetzt» wurde, indem er in der Tat als «bloßes Tier behandelt» wurde, hat existiert. Die *Artzugehörigkeit* trat an die Stelle der individuellen Rechte des einzelnen. In diesem Staat, in dem Skinner nicht leben mußte, wurde die «künstliche Selektion» an der Bahnrampe vorgenommen, an der die Viehtransportwagen anhielten. Die sozialdarwinistischen Leitgedanken dieses Staates klangen so: «Ein starkes Geschlecht wird die Schwachen verjagen, da der Drang zu leben in seiner letzten Form alle lächerlichen Fesseln einer sog. Humanität des einzelnen (sic!) immer wieder zerbrechen wird, um an seine Stelle die Humanität der Natur treten zu lassen, die die Schwachen vernichtet, um der Stärke Platz zu machen» (Adolf Hitler[23]).

Kultur als «Domestikation von Tieren»

Behaviorismus und Sozialdarwinismus führen zu denselben sozialen Konsequenzen, weil sie dieselbe Wurzel haben. Diese Wurzel ist die dogmatische Ausgrenzung aller anderen Wahrnehmungen als die der Sinnestatsachen. Dadurch entgeht den heutigen Menschen die einzige dem gewöhnlichen Bewußtsein zugängliche übersinnliche Erfahrung, die des Denkens. Sie ist aber die Erfahrung des Wesens des Menschen. Ohne diese Erfahrung gibt es wissenschaftlich keinen wesentlichen Unterschied von Mensch und Tier. Der Mensch wird zum höchst entwickelten Tier. Hitler und Skinner machen ernst damit, wovor viele in diesem Jahrhundert noch zurückschreckten: den Menschen als Tier zu begreifen und die sozialen und praktischen Konsequenzen daraus zu ziehen.[24]

Hitler in den von Rauschning aufgezeichneten Gesprächen: «Meine Pädagogik ist hart, das Schwache muß weggehämmert werden. In meinen Ordensburgen wird eine Jugend heranwachsen, vor der sich die Welt erschrecken wird. Eine gewalttätige, herrische, unerschrockene, grausame Jugend will ich. Schmerzen muß sie ertragen. Es darf nichts Schwaches und Zärtliches an ihr sein. Das freie, herrliche Raubtier muß erst wieder aus ihren Augen blitzen … so merze ich Tausende von Jahren der menschlichen Domestikation aus. So habe ich das reine, edle Material der Natur vor mir, so kann ich das Neue schaffen!»[25]

Darwin und Marx

Kann man eine *Denkweise* von den *Inhalten* des Denkens unterscheiden, dann erkennt man heute im Rückblick auf dieses Jahrhundert: Der Materialismus als Weltanschauung erzeugt «Kampf ums Dasein» als soziale Grundhaltung. In welchem politischen System sich diese Denkweise verkörpert, ist zweitrangig. Der Sozialdarwinismus hatte im NS-Staat *ein* Gewand; er trat politisch systembildend auch im Marxismus-Leninismus auf. Der Kampf ums Dasein wurde hier zum «Klassenkampf». So gehen auch die Millionen Menschen, die der dialektische Materialismus des Marxismus-Leninismus unter Lenin und Stalin gefordert hat, nicht weniger auf das Konto dieses sozialdarwinistischen Konzepts. Es ist bekannt, daß z. B. das Wort und die Einrichtung des «Konzentrationslagers» von Lenin geschaffen wurde.[26] Wir sind heute wenig geübt, äußerlich scheinbar ganz verschieden auftretende Erscheinungen auf ihr gemeinsames Wesen zuruckzufuhren. Deshalb mag mancher diesen Gedanken ablehnen. Karl Marx sah das anders. Er schrieb ein Jahr nach dem Erscheinen von Darwins eingangs erwähntem Hauptwerk an Friedrich Engels: «Obgleich grob englisch entwickelt, ist dieses das Buch, das die natürliche Grundlage unserer Arbeit enthält.»[27]

«Menschenzüchtung» – Metamorphosen eines wissenschaftlichen Leitmotivs am Anfang, in der Mitte und am Ende des 20. Jahrhunderts

Indem (auf S. 13) darauf hingewiesen wird, wie der Euthanasie-Gedanke von Anbeginn sozialdarwinistischer Politik in allen führenden Ländern auftritt und als Forderung diskutiert wird, soll die besondere Schuld, die Deutschland von 1933 bis 1945 auf sich geladen hat, keinesfalls relativiert werden. Man begreift aber nicht, was sich im NS-Staat ereignete, wenn man die Wurzel des Euthanasie-Gedankens, der dann auf die Juden-Vernichtung ausgeweitet wurde, nicht in dem Denken der gesamten wissenschaftlichen Welt seit der Mitte des 19. Jahrhunderts erkennt. *Das muß heute deshalb betont werden, weil eben diese Denkweise weltweit an den Universitäten im wesentlichen unverändert gelehrt wird.*

1945 wurde ein Karzinom entfernt. Was gegenwärtig als Euthanasiepropaganda in der ganzen Welt auflebt, das sind die Metastasen einer Grunderkrankung im Denken. Man könnte fragen: Wie ist es möglich, daß das Denken im Laufe dieses Jahrhunderts sich nicht wesentlich geändert hat? Das ist deshalb möglich, weil das Denken, indem es durch die Naturwissenschaft alle alten Wurzeln zu Gefühl und Instinkt abgetötet hat, *sich nur noch dadurch weiterentwickeln kann, daß es sich selbst begreift.* Solange das naturwissenschaftliche Denken sich nicht selbst durchschaut, bleibt das Denken krank. Rudolf Steiner hat diese Selbsterkenntnis des naturwissenschaftlichen Denkens in seiner *Philosophie der Freiheit*[28] geleistet. – Die Fortdauer dieser Erkrankung zeigt sich auch darin, daß die medizinische Forschung sich seit der Entdeckung des genetischen Code durch Watson und Crick wieder mit *sozialpolitischen Zielsetzungen* auf das genetische Material des Menschen richtet. In den USA richten sich die Hoffnungen des 1988 initiierten Genom-Projektes darauf, den unschädlichen, friedlichen Menschen genetisch herzustellen. «Regelrechte Wunschlisten mit Eigenschaften, die jener neue Mensch haben sollte, liegen in Studien wie *What sort of people should there be?* bereits vor.»[29] Diese Arbeitsrichtung, von der Regierung gefördert, hat eine anspruchsvolle Ideologie gezeitigt: «... es war in Los Alamos, wo Walter Gilbert das vollständige Genom zum Gral erklärte und hinzufügte, dies sei auch die letzte Antwort auf das Gebot: ‹Erkenne Dich selbst›.»[30] Das unterscheidet sich weder im ideologisch verbrämten Anspruch noch in der erklärten Absicht von jenem Ziel, eine «germanische Herrenrasse» in Ordensburgen zu züchten. Wenn heute das Heil der Menschheit von der genetischen Forschung und der genetischen Manipulation erhofft wird bis dahin, daß das Genom zum «Gral» erklärt wird, dann muß daran erinnert werden, daß es Lanz von Liebenfels, einer der Lehrmeister Adolf Hitlers, war, der von der «Heiligkeit der Vererbungsgesetze» sprach.[31]

Wir müssen zu der Erkenntnis aufwachen, daß der Krebskrankheit «Faschismus» ein defektes Immunsystem zugrunde liegt, das genau in den Teilen der Welt Metastasen setzt, wo die Universitäten die materialistische Denktechnik und Weltanschauung verbreiten.[32] Ein besonders viel diskutierter Repräsentant dieses Denkens ist Peter Singer. Um Singers *Praktische Ethik* zu verstehen, muß man sie in die philosophische Schule einordnen, die sich von John Stuart Mill herleitet.

Zu Peter Singers «Praktischer Ethik»

Auch Singer geht davon aus, daß Mensch und Tier wesensgleich seien.[33] Vom Gesichtspunkt des Utilitarismus aus gesehen hält er es für gerechtfertigt, Menschen aus Nützlichkeitsgründen ebenso zu töten wie Tiere. «Wenn der Bewußtseinsgrad eines gesunden Tieres höher ist als der eines geistig behinderten Menschen, wir Tiere aber töten, dann dürfen auch jene Menschen getötet werden!» Etwas später im Text lesen wir: «Der Kern der Sache ist freilich klar: die Tötung eines behinderten Säuglings ist nicht moralisch gleichbedeutend mit der Tötung einer Person.»[34] Ja, Singer geht noch weiter. Da sein Personenbegriff an die Erscheinung des normalen, denkenden Wachbewußtseins geknüpft ist, darf man auch einen gesunden Säugling töten, denn er steht bewußtseinsmäßig – nach Singer – auf der Stufe einer Schnecke. Das liest sich so: «Tötet man eine Schnecke oder einen 24 Stunden alten Säugling, so vereitelt man keine Wünsche dieser Art [d. h. bewußte Handlungsziele, A. H.], weil Schnecken und Neugeborene unfähig sind, solche Wünsche zu haben.»[35]

Aus dem Gang unserer Darstellungen erscheint es keineswegs verwunderlich, daß auch am Ende des 20. Jahrhunderts solche Gedanken von Hochschulen aus publiziert werden. Singer hat sich gegen den Nazismus-Vorwurf unter anderem wie folgt zu verteidigen versucht: «Meine Auffassung, daß manches Leben so voller Leiden sein kann, daß es aus der Sicht des betreffenden Lebewesens als nicht lebenswert erscheint, wurde ständig mit der Redeweise der Nazis vom lebensunwerten Leben in Zusammenhang gebracht, obwohl diese damit eine völlig andere Bedeutung verbanden; im Sinne der Nazis war einiges Leben nicht ‹lebenswert›, weil es rassisch oder genetisch unrein und daher nicht wert war, Teil eines arischen Volkes zu sein.»[36] Singer weiß offenbar nicht oder verschweigt, daß vielerlei Arten von *Krankheit* im NS-Staat bekanntlich ebenfalls ein Kriterium für den «Lebenswert» eines Menschen waren. Vor allem aber spielte Singers eigene Argumentation der «Erlösung von Leiden» eine *Schlüsselrolle* in der NS-Propaganda und auch in den oben erwähnten Publikationen, auf denen die NS-Ideologie basierte; der wichtigste Wegbereiter der NS-Euthanasie, K. Binding, interpretierte aktive Euthanasie bei unheilbar Kranken als «in Wahrheit eine *reine Heilbehandlung*».[37] Adolf Hitler selbst schrieb in seinem Euthanasie-Erlaß vom 1.9.1939 wörtlich davon, «daß nach menschlichem Ermessen unheilbar Kranken bei kritischer Beurteilung ihres Gesamtzustandes der Gnadentod gewährt werden kann».[38] Damit fällt der zitierte Versuch Singers, den Vorwurf des nazistischen Denkens zu entkräften, in sich zusammen. Das von Singer mehrfach vorgebrachte Argument, geistig Schwerbehinderte stünden auf einer tieferen Stufe als viele Säugetiere, findet sich nicht nur in der Nazi-Propaganda vielfach, sondern schon bei Binding und Hoche 1920.[39]

Darwin, Haeckel und der ethisch schöpferische Mensch

Die einseitigen Interpretationen der Forschungsergebnisse von Darwin und Haeckel, die zum Sozialdarwinismus führten, dürfen nicht dazu verleiten, die positive Bedeutung ihrer Werke zu unterschätzen. Die Leistung von Darwin und Haeckel war es, daß durch sie der *Entwicklungsgedanke* zur Grundlage des modernen Denkens geworden ist. Der Mensch steht seither vor uns als das aus der Natur hervorgegangene und in sie hineinverwobene Wesen. Das heißt aber: Im Bewußtsein des Menschen kam die Natur im Laufe der Evolution zu sich selbst. Die Prozesse, die die leibliche Grundlage des Bewußtseins liefern, können nicht grundsätzlich andere sein als die der ganzen übrigen Natur. Sie ist es selbst, die sich in uns Fragen stellt, und sie beantwortet sie sich selbst, wenn wir denken. Im Evolutionsprozeß erscheint aber durch die Irrtumsfähigkeit des Menschen eine Unterbrechung zwischen Mensch und Natur, insofern seine Handlungen nicht wie die des Tieres nur aus der Fortsetzung der Naturnotwendigkeiten geschehen. Wir sahen: Das Denken schafft den Freiraum, der uns für unser Handeln verantwortlich macht. Konsequent weiterverfolgt führt dieser Gedanke dazu, in der schöpferischen Potenz, mit der der Mensch als Techniker und Künstler ständig Neues hervorbringt, dieselben Kräfte zu begreifen, die auch der Evolution der Natur unbewußt zugrunde liegen. Die Kulturentwicklung lebt aus den Kräften der Naturentwicklung so, wie sie der Mensch in seiner Freiheit anwendet. Diese schöpferische Kraft als die höchste Steigerung des Denkens ist aber in jeder moralischen Entscheidung, die diesen Namen verdient, dem Menschen gegeben – wenn er sie einsetzen will. Nur dann ist er «Mensch» im vollen Sinne des Wortes. Er hat seine eigene Entwicklung in der Hand. Dies ist, mit Rudolf Steiner gesprochen, die Fähigkeit der «moralischen Intuition».[40] Handelt der Mensch aus ihr, dann befreit er sich von allen vorgegebenen Normen und Konventionen und folgt der Liebe zu dem Lebenszusammenhang, in den er einzugreifen hat – sei es im Mitmenschlichen, sei es im Leben der Natur. Der Mensch realisiert dadurch Freiheit, daß er die schöpferische Kraft der Natur, die auch in ihm lebt, in Liebe zum Handeln und dem Verständnis fremden Wollens auslebt.

Dieser «ethische Individualismus» im Sinne Rudolf Steiners kennt keine von außen vorgegebenen Regeln, sondern entwickelt sich aus der Erkenntnisfähigkeit des Einzelnen, aus seiner Einsicht. «*Der ethische Individualismus ist somit die Krönung des Gebäudes, das Darwin und Haeckel für die Naturwissenschaft erstrebt haben. Er ist vergeistigte Entwicklungslehre auf das sittliche Leben übertragen* … Der konsequent verfahrende Entwicklungstheoretiker kann die natürliche Entwicklungsweise beim Affen nicht abschließen und dem Menschen einen ‹übernatürlichen› Ursprung zugestehen; er muß, auch indem er die natürlichen Vorfahren sucht, in der Natur schon den Geist suchen; er kann auch bei den organischen Verrichtungen des Menschen nicht stehen bleiben und nur diese natürlich finden, sondern er muß auch das sittlich-freie Leben als geistige Fortsetzung des Organischen ansehen.»[41]

Das 20. Jahrhundert zeigt damit zwei Entwicklungslinien des wissenschaftlichen Bewußtseins. Die eine läßt das von Darwin Erreichte sich so weiterentwickeln, wie es werden muß, wenn der forschende Mensch das Bewußtsein seines Denkens verliert und sich willkürlich auf Sinneswahrnehmungen beschränkt. Dann verliert er aber sein Menschentum. Das gibt den aus diesem Bewußtsein geschaffenen politischen Systemen ihren unmenschlichen Charakter. Die andere Richtung ergreift das Denken als die autonome Bewegung, mit der der Mensch sich zur Freiheit entwickeln kann. Sie begründet die Würde des Menschen durch den Nachweis, daß sich in ihm die Schöpferkraft der Natur ihrer selbst bewußt, d. h. frei wird und sich selbst bestimmen will. Damit begründet sie zugleich die Verantwortlichkeit des Menschen für seine Entwicklung und für die Entwicklung der Natur.

Der Mensch als «Pflegefall»

Ergreift der Mensch die schöpferische Kraft seines Denkens, dann wird er Künstler auf moralischem Gebiet. Er löst die ethischen Probleme aus der Hingabe an seine Aufgabe nicht anders, als etwa ein Maler wie Cézanne schöpferisch wird, indem er in Liebe mit den Farben seiner Naturumgebung fühlend und wollend zusammenwächst und aus diesem Zusammenhang schöpferisch handelt.

Wer z. B. als Krankenpfleger, Arzt oder Heilpädagoge einen kranken, schwerbehinderten Menschen vor sich hat, der nicht zu sprechen vermag, der wird das individuelle Wesen dieses Menschen nur dann *wahrnehmen,* wenn er ihm mit liebevollem Interesse entgegentritt und sich ihm helfend zuwendet. Er wird diesem Menschen gegenüber z. B. dadurch schöpferisch, daß er sich in dessen Biographie durch genaue Berichte der Angehörigen, durch Fotografien aus verschiedenen Lebensaltern und Lebenssituationen hineinvertieft.

Jeder, der mit Schwerkranken und Schwerbehinderten arbeitet, kennt die Erfahrung, die man dabei durchmacht. Zunächst: ein innerer Widerstand. Das Wesen des anderen wird mir nicht durch die äußere Erscheinung *gegeben* – es verbirgt sich. Aber indem ich ihm helfen will und ihn täglich füttere, Krankengymnastik mit ihm mache, ihn als Arzt untersuche und über seine Therapie nachdenke, bildet sich über die Tage und Wochen hin eine *innere* Beziehung zu dem anderen Menschen. Ich kenne ihn allmählich immer besser. Und so, wie sich unter der Sonnenwärme im Frühling die Pflanzen entfalten können, so schafft die Wärme der Zuwendung auch die Bedingungen, unter denen die keimhaften Äußerungsmöglichkeiten unseres Patienten – in seiner Miene, in seinem Blick – sich soweit entfalten, wie es ihm möglich ist.

Und dann kommt, z. B. in einer Klinik, einmal pro Woche die «Chef-Visite». Das Pflegeteam und der Assistenzarzt berichten am Bett des Patienten. Der Chefarzt macht nur spärliche Bemerkungen und beschließt die Visite bei unserem Kranken mit den Worten: «Extra muros!» – d. h. «Wir sprechen über diesen Fall draußen vor der Tür weiter.» Auf dem Gang wird dem Assistenzarzt vorgehalten: «Was machen Sie da eigentlich? Diese Medikamente, diese Anwendungen – wissen Sie, was das alles kostet? Das hat doch keinen Sinn!» – Das Team der Station ist einigermaßen betroffen. Sie können nicht sofort antworten. – An dieser Stelle halten wir inne.

Der Beobachter von außen und der Beobachter von innen

Wir sehen: Derjenige, der unseren Schwerkranken *von außen* betrachtet, sieht das, was dieser ihm *bietet,* ohne daß er sich willensmäßig helfend auf ihn eingelassen hat. Was die Sinne ihm geben, ist ein *Defekt-Syndrom.* Der Beobachter von außen sieht eine Summe von Nicht-Funktionen. Wer sich durch helfende Teilnahme den Zugang zum Patienten *von innen* verschafft, weiß, mit wem er es täglich zu tun hat; er hat eine *innere* Wahrnehmung seines Patienten, die sich *nicht* mehr auf die äußere Sinneswahrnehmung stützen kann.

Der gesunde Mitmensch kann uns soviel von seinem Wesen zusenden, wie er es will, durch Blick, Mimik, Sprache, Geste. Wir können weitgehend passiv bleiben und nehmen sein Wesen doch anhand dessen wahr, was er uns zeigt. Dem Schwerkranken gegenüber erlebt man das Durchschreiten eines Nullpunktes. Man muß sich zu ihm auf den Weg machen. Und wenn dann in der helfenden Zuwendung sein Wesen wahrnehmbar wird, dann fehlt *dieser* Wesensbegegnung die Stütze in der Sinneswelt; sie ist geistiger Natur. Im Tod wird uns die physische Stütze unseres Bewußtseins genommen; diese Erfahrung des Pflegenden ist eine Art von innerem Todes-Erlebnis. Das durch den Leib vermittelte «Ich bin», das Ego, stirbt, und er ergreift in dem Wesen des Kranken zugleich sein eigenes Selbst auf einer höheren Stufe, wo es einen

Wesens mit dem der anderen ist. Er erlebt in dieser Begegnung mit dem anderen in der Tat eine Art von Auferstehung. Diese Erfahrung faßte Goethe in die Worte: «Und so lange du das nicht hast, dieses: stirb und werde! Bist du nur ein trüber Gast auf der dunklen Erde.»[42]

Nun verstehen wir auch, was in dem *Beobachter von außen* vor sich geht. Er wurde von Kindheit an gewöhnt und durch Schule und Universität darin geschult, nur das als Wirklichkeit zu nehmen, was sich uns von außen in der *Passivität* der Sinneswahrnehmung gibt. *Diesen* Wahrnehmungen ist sein Denken gewachsen. In ihnen wird er technisch schöpferisch und – mutig. – Dem Kranken gegenüber, der sein Wesen *nicht* sinnlich zur Erscheinung bringen kann, ist der Beobachter von außen *hilflos*; denn er hat nicht gelernt, den Wahrnehmungen, die von innen kommen, entsprechend zu denken. Aus dieser Hilflosigkeit heraus entsteht *Angst.* Es ist die unbewußte Angst vor dem seelischen Todeserlebnis, die der «Beobachter von innen» kennen und überwinden gelernt hat. Und diese unbewußte Angst vor dem Opfertod des Leibgegebenen Ich-Bewußtseins erzeugt die unbewußte *Aggression,* den Todeswunsch, der sich in der Vorstellung maskiert, der Patient solle «erlöst werden». Was der Mensch seelisch-geistig *in sich* selbst nicht zu vollbringen vermag – das innere Sterben –, projiziert sich als physisches Gegenbild nach außen als Vorstellung der «Euthanasie» des Patienten.

Der äußerlich passiv *gegebenen Erfahrung* wird durch unsere heutige Erziehung und Zivilisation eine suggestive *Macht* verliehen, mit der sie in unser Gefühls- und Willensleben bestimmend einwirkt. In dem Mut, die leiblich gegebene Erfahrung zurückzudrängen und die eigene Aktivität des Denkens an deren Stelle zu setzen, finden wir das oben (S. 17). erarbeitete Prinzip des Menschlichen wieder. In der tätigen Liebe zu dem geistigen Wesenskern des Kranken schafft die Opferung des Ego den Raum, in dem die wahre Ich-Substanz, die im Willen aller Menschen lebt, erscheinen kann. Dieses *höhere Ich* lebt nicht im Bewußtsein, solange wir uns, jeder auf seinen eigenen Leib abgestützt, im «Ego» voneinander abgesondert gegenüberstehen. Das höhere Ich schenkt sein «Ich bin» in der *Vereinigung* mit dem anderen Menschen. In der Bild-Sprache der Evangelien durchschreitet das Urwesen des Menschen, zu dem er in seinen tieferen Willensschichten hinstrebt, den Tod, um in der Liebe der Menschen zueinander zu leben.

Der Tod – eine Erlösung?

Die Vorstellung, die wir uns gewöhnlich vom Tod machen, ist unbewußt abgeleitet von der Erfahrung des Einschlafens. Man stellt sich vor, daß im Todesaugenblick das Bewußtsein schwinde und man von allen Leiden «erlöst» sei. Diese verlokkende Vorstellung zieht ja die Verzweifelten in den Selbstmord. Insofern diese Vorstellung auch bei Ärzten lebt, wenn sie glauben, einen Schwerkranken «erlösen» zu müssen, ist zu prüfen, was hinter dieser Vorstellung steht; und zwar dem Anspruch entsprechend, den medizinische Wissenschaft auch sonst an sich stellt. Da muß man zunächst fragen: Auf welchen *Befunden* beruht die Annahme, daß der Verstorbene von Qualen erlöst sei? Verfügen die, die diese Überzeugung hegen, über Wahrnehmungsmöglichkeiten, die auf das nachtodliche Befinden des Gestorbenen irgendwie Rückschlüsse erlauben? Es handelt sich bei den Erlösungsvorstellungen um Spekulation. Nicht anders verhält es sich mit der Annahme, nach dem Tod des physischen Leibes höre der Mensch selbst auf zu existieren. Diese Vorstellung identifiziert das Sein des Menschen mit seinem Bewußtsein – eine Gleichsetzung, der schon die Alltagserfahrung widerspricht. Denn konsequenterweise müßten wir dann auch mit dem Einschlafen aufhören zu existieren, und unsere Individualität müßte sich beim Aufwachen jedes Mal neu bilden.

Man kann zu einer begründeten Aussage über das Bewußtsein nach dem Tod gelangen, wenn man ohne Vorurteile auf das Verhältnis von Vitalität und Bewußtsein im Menschen blickt. Dann zeigt sich, daß die Organe, denen der Mensch sein Wachbewußtsein verdankt, einen auffallenden Mangel an Eigenvitalität aufweisen. Den Neuronen des Gehirns fehlt die Regenerationskraft. Die weiße Substanz besteht in einer Eiweißablagerung (Myelin), die biochemisch dem Keratin der Haare nahesteht und die wie diese nicht weiter am Stoffwechsel teilnimmt.[43] Demgegenüber haben die Organe des Bauchraums – die Leber, der Darm usw. – einen Überschuß an Regenerationsvermögen. Das geht soweit, daß an diesem Pol des Menschen die Fähigkeit vorliegt, den ganzen Leib noch einmal zu bilden in der Fortpflanzung. Diese Stoffwechselprozesse sind nun dem Bewußtsein völlig entzogen. Während ich mich auf eine Denkaufgabe – etwa eine mathematische Aufgabe – konzentriere, funktionieren die Neuronen des Gehirns so, wie ich es in meinem Denken will. Die Leber, der Darm oder die Bauchspeicheldrüse sind meinem bewußten Eingriff entzogen. In der Lunge sehen wir ein Organ, das zwischen diesen Polaritäten mitten darin steht. Einerseits funktioniert sie als Stoffwechselorgan der Atmung weitgehend unbewußt und betreibt diese Funktion am Tage nicht wesentlich anders als bei Nacht; andererseits dient sie der Sprache, und das Bewußtsein kann vom Gehirn aus in die Atmung behufs der Sprachbildung eingreifen. Die Regenerationskraft der Lunge ist gering; nicht gleich Null wie die der Neuronen des Gehirns, aber auch bei weitem nicht in der Größenordnung der Stoffwechselorgane, obgleich ursprünglich mit ihnen verwandt. So ergibt sich eine Ordnung, die in dem hier zur Verfügung stehenden Raum nur angedeutet werden kann, die aber durch eine umfangreiche Literatur im einzelnen dargestellt ist.[44]

Der Befund, daß die Entwicklung von Wachbewußtsein mit einem Defizit an Regenerationskraft korreliert, ist aus der Evolution der Tierwelt ebenso bekannt wie aus der Ontogenese des Menschen. Die Höherentwicklung in der Tierwelt geht einher mit einem stetigen Verlust an Regenerationskraft bei gleichzeitiger Differenzierung des Nerven-Sinnes-Systems bzw. des Bewußtseins. Dasselbe zeigt die Entwicklung des Kindes: In den ersten Lebensjahren teilen sich noch die Neuronen. Eigenes Denken beginnt, wenn diese Teilungsfähigkeit erlischt, und entfaltet sich, je mehr die Wachstumsprozesse des Leibes zurücktreten. So kann man sehen: Bewußtseinsprozesse sind im Leben der Natur an Absterbevorgänge gebunden. Dem partiellen Tod im Gehirn verdankt der Mensch sein Wachbewußtsein. *Tritt nun dieser Tod für alle Organe ein, dann werden mehr oder weniger mit einem Augenblick alle Organe «Gehirn», insofern sie das Leben als Bewußtsein freigeben.* Der Tod ist deshalb alles andere als ein Einschlafen; er ist ein gewaltiges *Erwachen.* Durch die Nah-Todeserfahrungen zahlreicher klinisch «toter» Menschen ist das leib-freie Bewußtsein heute vielfach Gegenstand ernstzunehmender Forschungsvorhaben geworden.[45]

Der Tod bei Tieren

Biologisch betrachtet besteht kein Zweifel daran, daß der Mensch eine Art darstellt *(Homo sapiens).* Sie ist zu vergleichen mit solchen Tierarten wie dem Schimpansen, dem Rotkehlchen oder der Forelle. Dadurch, daß Tiere, wie wir eingangs sahen, sich so weitgehend im Ausleben ihrer Artmerkmale erschöpfen, unterscheidet sich der Lebenslauf der einzelnen Forellenexemplare oder Rotkehlchenexemplare im Wildleben nur unwesentlich voneinander. Das Rotkehlchen in einem südenglischen Park, in einem finnischen Birkenwald oder in einem italienischen Garten mag seiner Anpassungsfähigkeit entsprechend etwas unterschiedliche Nahrung verzehren. Das Leben der drei Exemplare hält im wesentlichen dieselben Erlebnisse für sie bereit; und die *Wirkung,* die von ihnen auf ihre Umwelt ausgeht, ist auch im wesentlichen die gleiche. Und beide waren auch vor tausend Jahren keine wesentlich anderen als heute. Was hier mit «wesentlich» gemeint ist, wird deutlich, wenn wir nicht drei Exemplare einer Tierart, sondern drei einzelne Exemplare der Art Homo sapiens miteinander vergleichen. Die Biographien von Bismarck, Mozart und diejenige des Lesers dieser Zeilen haben einiges gemeinsam; nämlich das, was biologisch artgemäß ist. Die jeweils *einmalige,* unverwechselbare Eigenart, durch die sich diese drei Lebensläufe aber voneinander unterscheiden – man denke an die völlig verschiedenen Wirkungen, die von diesen drei Menschen während ihres Lebens ausgehen –, ist im Tierreich unter Artgenossen völlig undenkbar.

(Durch die Erfahrungen mit Haustieren ergeben sich für manche Tierliebhaber in dem soeben Dargestellten scheinbar Widersprüche. Haustiere sind aber hier nicht maßgebend, da sie durch z.T. jahrtausendelange Züchtung durch den Menschen verändert sind. Interessanterweise gehört gerade zu den wichtigsten Merkmalen der Haustiere, durch die sie sich von ihren entsprechenden Verwandten in der Wildbahn unterscheiden, die hohe Individualisierung der Einzelexemplare, die so bei den Wildtieren nicht zu beobachten ist.)

Auch Tiere haben indessen eine geistige Wesenheit wie der Mensch. Sie lebt aber auf einer «höheren» Daseinsstufe als die menschlichen Wesenheiten. Die Tierwesenheit verkörpert sich nicht bis in den physischen Einzelleib des Tieres einer Art, sondern sie bleibt nur mit den Lebensprozessen der gesamten *Tierart als einer Einheit* verbunden. Diese geistige Wesenheit des Tieres ist nur unter den Beobachtungsbedingungen der Geistesforschung wahrnehmbar. Der Leib dieser Tierwesenheit ist jeweils eine ganze Tierart, nicht das einzelne Tier. Stirbt ein Einzeltier, dann wird unter natürlichen Verhältnissen ein anderes geboren, so daß auf der Erde über sehr lange Zeit die Tierart erhalten bleibt. *Die Tierwesenheit selbst durchlebt mangels ihrer Verbindung mit dem physischen Leib weder eine «Geburt» noch einen «Tod» im Sinne des Menschen.*[46] (Eine Anschauung, wonach Reinkarnation in Tieren stattfindet, ist vom Standpunkt der Geisteswissenschaft aus deshalb auch als Mißverständnis abzulehnen.) Für die Tierwesenheit tritt etwas, was mit dem Tod des Einzelmenschen in etwa vergleichbar ist, erst dann ein, wenn eine Tierart ausstirbt. Mangels der Verkörperung ihres Ich im Leibe sind Tiere andererseits den *Schmerzen* in einer für uns schwer vorstellbaren Weise ausgeliefert. Fehlt ihnen doch die Fähigkeit des Denkens, durch die wir Schmerzen verarbeiten und damit unter Umständen ganz erheblich in ihrer Intensität von uns fernhalten können. (Jeder Anästhesist weiß, daß eine entsprechende Einstellung zu den Schmerzen den Verbrauch von Schmerzmitteln unter Umständen erheblich reduzieren kann.) So bedeutet für die Tierwesenheit der Tod des Einzeltieres solange nichts Einschneidendes, solange der Mensch das ökologische Gleichgewicht der Art achtet.

Ist ein Leben nach dem Tod, sind Wiederverkörperung und Schicksal für ein sich selbst begreifendes Bewußtsein denkbare Tatsachen?

Es gab Zeiten, in denen es als eine unumstößliche wissenschaftliche Tatsache galt, daß niedere Tiere – Würmer bis hin zu Fischen – aus Schlamm oder feuchter Erde, also aus unbelebtem Stoff entstehen. Der erste, der den Nachweis erbrachte, daß lebendige Organismen nur durch Fortpflanzung von anderen Organismen entstehen, wurde als Ketzer bekämpft: Francesco Redi (1626–1697). Was damals als «unwissenschaftlich» bekämpft wurde, gilt heute als selbstverständlich: *omne vivum ex vivo* (Lebendiges kann nur aus Lebendigem entstehen).[47] Das Mineralreich und das Reich der lebendigen Organismen haben ihre je eigenen Gesetzmäßigkeiten, auch wenn sie vielfach einander durchdringen. Wir fassen vor diesem Hintergrund die Ergebnisse unserer Untersuchung zusammen:

1. *Toter Stoff* fügt sich nirgends beobachtbar aus sich selbst heraus (!) in Organismen zusammen; Lebendiges entsteht nur aus Lebendigem durch Keime.

2. *Inneres, seelisches Leben* ist keine Fortsetzung des bloß lebendigen Organismus, sondern je mehr sich Seelenleben entfaltet und differenziert, um so stärker drängt es das bloße äußere Leben in dessen Wachstums- und Regenerationspotenz zurück (siehe oben, S. 41 ff.).

3. *Tierische Art-Entfaltung* erzeugt nirgends beobachtbar aus sich *menschliche Individualität;* sondern, wo diese auftritt, drängt sie die Vorgaben des Art-gemäßen zurück und setzt sich an deren Stelle[48] (siehe oben, S. 17 ff.).

Die persönlichen Merkmale des Menschen, die wir schon im Kindesalter bei den Nachkommen eines Elternpaares hervortreten sehen – man denke an einen Mozart, einen Einstein oder andere Persönlichkeiten im Vergleich zu ihrer jeweiligen Geschwisterreihe –, diese Merkmale empfindet man wissenschaftlich heute nicht als «Problem». Man nimmt heute das je Einmalige jedes Menschen-Individuums fraglos und wie ein *Wunder* hin; gerade so, wie frühere Zeiten die Arten der Pflanzen- und Tierwelt als je einmalige «Geschöpfe Gottes» hinnahmen, weil man damals den Gesichtspunkt ihrer *Entwicklung* noch nicht ins Auge fassen konnte. Nachdem dieser Entwicklungsgedanke aber zur Grundlage unseres wissenschaftlichen Denkens geworden ist, ist es eine notwendige Konsequenz, dem Rätsel des Individuums gegenüber die Frage zu stellen: Wann haben sich diese persönlichen Merkmale und Fähigkeiten entwickelt, mit denen dieser Mensch bereits als Kind ins Leben trat? Leiblich ist er Nachkomme seiner Eltern und unterliegt insoweit den Vererbungsgesetzen. Was ihn als Individuum kennzeichnet, ist aus Vererbung allein nicht erklärbar; er muß eine Entwicklungsmöglichkeit gehabt haben, die in einem diesem Erdenleben vorangegangenen Zeitraum bestanden haben muß.

Mit einer solchen Frage stößt das naturwissenschaftliche Denken an eine Grenze der Beobachtungsmöglichkeit. Hat man die geistige Wirklichkeit des Menschen, wie sie sich im

Denken manifestiert, neben seiner physischen Wirklichkeit im Bewußtsein, dann hört an dieser Wahrnehmungsgrenze nicht die Wissenschaft auf, sondern nur die Beobachtungsmöglichkeit. *Diese* Grenzsituation ist heute im naturwissenschaftlichen Arbeiten ein geläufiges Phänomen; man ist durch die Geschwindigkeit der heutigen Medien daran gewöhnt, daß fast täglich neue Tatsachen *wahrgenommen* und bekannt werden, die gestern aber *vom Denken* als existent *gefordert* wurden, obwohl sie noch nicht zu beobachten waren.

Steigert man die Fähigkeit des Denkens im Sinne der in der Geisteswissenschaft Rudolf Steiners mitgeteilten Methodik, dann wird dieses Denken zum geistigen Beobachtungsorgan, welches das Leben des Menschen vor seine diesmalige Geburt zurückverfolgen kann in ein geistiges, vorgeburtliches Leben; dieses führt zurück zu einem Tod, der ein voriges Erdenleben beendet hatte, und es zeigt sich schließlich dieses vorige Erdenleben selbst.[49]

Diese Beobachtungen wurden von Rudolf Steiner durchgehend mit denen der Naturwissenschaft verglichen und stehen mit ihnen im Einklang. Allerdings hat ein Denken, das seine Begriffe ausschließlich an den Sinnestatsachen gebildet hat, anfangs einer in sich selbst gegründeten geistigen Wirklichkeit gegenüber einige Schwierigkeiten zu überwinden. Deshalb hat ja Rudolf Steiner die Erfahrung des Denkens selbst als erste zum Gegenstand seiner Untersuchungen gemacht, weil diese dem gewöhnlichen Bewußtsein als eine rein geistige Erfahrung vorliegt.

Vom Punktbewußtsein des Ich zu seinem Umkreisbewußtsein

In physischer Verkörperung kommt uns unser eigenes Wesen nur wie in einem Punkt zu Bewußtsein. Nach dem oben erfaßten Erwachen im Augenblick des Todes erlebt sich das Ich in einer Welt, die ihrerseits dieselbe Qualität wie das «Ich bin» hat. Das Ich steht dieser geistigen Welt also nicht mehr «gegenüber», sondern es erlebt sich wie in sie ausgegossen. Das Verhältnis zu anderen Verstorbenen ist nicht ein «Gegenüber», sondern ein «Ineinander». Was der selbstlos Helfende in der oben auf S. 37 ff. gekennzeichneten Art erlebt, das zeigt, daß dieser Zustand in den Augenblicken echter Wesensbegegnung auch in physisch *verkörpertem* Zustand möglich ist. «Durchdringt man das Wesen der Liebe, des Mitgefühls, so findet man in diesen die Art, wie das Geistige in der Sinneswelt sich in seiner Wahrheit auslebt.»[50]

Das Leben nach dem Tod dauert in der Regel um ein Vielfaches länger als ein Erdenleben. Der Mensch ist somit bald mit all jenen Mitmenschen vereint, mit denen er im Erdenleben zu tun hatte. Was er ihnen und der Natur gegenüber an Verfehlungen begangen hat, läßt ihn schöpferisch tätig werden; und seine Schöpferkraft ist in diesem Seinszustand unendlich gesteigert, da er im Verein mit Geistwesen lebt, die ihn bei seiner Arbeit unterstützen. Er sehnt sich danach, ein Leben für die nächste Verkörperung zu entwerfen, in dem er die fruchtbaren Taten-Keime des vorigen Erdenlebens weiterentwickeln kann; in dem er die Verfehlungen ausgleichen kann. Dem allen Menschen gemeinsamen geistigen Urwesen, von dem oben die Rede war und das die Evangelien mit dem Namen «Christus» bezeichnen, begegnet der Mensch hier als dem helfenden Lehrer und Lenker dieser schöpferischen Tätigkeit, in welcher die Geisteswissenschaft die gegenwärtige Wirksamkeit des Auferstandenen beschreibt. Dieses Schicksal-Gestalten in dem Leben zwischen dem Tode und einer neuen Geburt geschieht in inniger Gemeinschaft der Menschen, die untereinander durch ihre Taten verwoben sind.[51] Der Menschen-Umkreis eines Erdenlebens wird Schicksalsgemeinschaft. Damit der Mensch in physischer Verkörperung die von seinem höheren Selbst vorgeburtlich beabsichtigten Taten ausführen kann, ist er darauf angewiesen, diesen Menschen auf der Erde wieder zu begegnen. Während sich der Mensch im Vergleich zum Tier von der Eingliederung in ein bestimmtes Biotop der Natur befreit hat, weil er vermöge seines Denkens sich die Anpassungen in jeder beliebigen Naturumgebung selbst schafft, entsteht für ihn als Geistwesen eine neue *Abhängigkeit*, die wie ein Gegenstück seiner Freiheit erscheint: das Ich ist auf den Lebensraum seiner Schicksalsgemeinschaft angewiesen wie das Tier auf sein Biotop.

Haben wir einsehen gelernt, daß in jeder Pflanze und jedem Tierleben Gesetzmäßigkeiten verborgen sind, die nur einer denkenden Beobachtung zugänglich sind, und daß diese «Gesetzmäßigkeiten» als solche *geistige*, übersinnliche Tatsachen sind – dann ist der Gedanke auch nicht fernliegend, daß in den als «Zufall» erscheinenden Begegnungen von Mensch zu

Mensch Gesetzmäßigkeiten wirken, die eine gesteigerte Forschungsmethodik auch aufdecken kann.

Die Kräfte des Schicksals durch Geisteswissenschaft durchschauen lernen lehrt Ehrfurcht vor dem Augenblick der Geburt; und vor dem Augenblick des Todes. Stirbt der Mensch nämlich früher, als es seinem Schicksal entspricht, erleidet er nach seinem Tode furchtbare Qualen. Diese rühren davon her, daß er unausgelebte Bedürfnisse in seiner Seele hat, die der Leib noch hätte befriedigen können und sollen, aber nicht mehr befriedigen kann.[52] Von diesem Gesichtspunkt aus ist das Ausmaß eines Verbrechens überhaupt erst zu ahnen, wie es die Tötung eines behinderten Neugeborenen, wie sie die inzwischen in den Niederlanden auch auf psychiatrisch erkrankte Patienten ausgedehnte Euthanasie darstellt. Wer glaubt, er tue eine gute Tat, wenn er einen unter Schmerzen leidenden Patienten tötet, überantwortet ihn in Wirklichkeit einer Qual, deren Dauer er gar nicht übersehen kann, da genaue Prognosen über den natürlichen Todeszeitpunkt erfahrungsgemäß unmöglich sind.

Neben einer individuell angepaßten Schmerztherapie hat der Arzt die Aufgabe, so gut er es vermag dem Patienten das Illusionäre seines Todeswunsches durchschaubar zu machen. Kann er sich liebevoll, vielleicht aus langjähriger hausärztlicher Verbundenheit in den Kranken einfühlen, dann findet er Worte, um ihm die Würde seiner Lage bewußt zu machen. Er flößt ihm den Mut ein, so bewußt wie möglich den Gang über die Schwelle zu gehen, hinter der ihn ein neues Leben erwartet.[53]

Das Selbstbestimmungsrecht des Patienten

In der gegenwärtigen Diskussion über Euthanasie stellt das Selbstbestimmungsrecht des Patienten ein häufiges Argument dar. Schon im Alltag der Medizin gilt: Ein Kranker muß das Recht haben, solange er dazu in der Lage ist, über die Maßnahmen, die an ihm von Ärzten vorgenommen werden sollen, mitzuentscheiden. Weigert sich ein zurechnungsfähiger Patient, ein Medikament einzunehmen oder eine medizinisch-technische Maßnahme an sich durchführen zu lassen, so wird niemand an der rechtlichen Wirksamkeit dieses Einspruchs zweifeln. Hier handelt es sich durchweg darum, daß der Arzt vom Patienten zum *Unterlassen von Maßnahmen* gezwungen werden kann. Hingegen fehlt schon bei relativ einfachen Heilmaßnahmen dem Patienten die Handhabe, den Arzt zu *bestimmten Handlungen zu zwingen,* die der Arzt nicht für angezeigt hält. Dem Patienten bleibt dann nur der Arztwechsel. Wenn nun ein Todkranker den Arzt bittet, ihn zu *töten,* liegt der extremste Fall dieser Art vor.

Von «Selbstbestimmungsrecht» kann nur die Rede sein, insofern ich mein eigenes Wollen und Handeln bestimmen kann. Ist der Patient in der Lage, sich das Leben zu nehmen und tut er dies, so bestimmt er sein eigenes Handeln. Das ist straffrei auch im Falle des nicht gelungenen Versuchs. Wenn der Patient aber *den Arzt* bittet, ihm eine tödliche Dosis eines

ıen Medikaments zu injizieren, dann
ı selbst, sondern er macht den Versuch,
en zu bestimmen. Nicht der Patient hat
zu entscheiden, sondern der Arzt. Von
ungsrecht» kann deshalb in diesem Fall
hier gefordert wird, ist in Wirklichkeit
zu zwingen, daß er töten muß, wenn
on ihm verlangt. Hinter solcher Forde-
mit «Selbstbestimmung» nichts, sehr
ıtsinstrument eines totalitären Systems

Die Angst des Menschen vor sich selbst

Geburt und Tod sind die Grenzen des physischen Lebens. Wer sie als Grenzen des Menschenlebens schlechthin betrachtet, berücksichtigt nichts als die von den Sinnen gegebenen Tatsachen. Er läßt die Wahrnehmungen seines eigenen Innenraums ebenso außer Betracht wie die Wahrnehmungen, die er am Innenwesen der anderen Menschen macht. Dieses Jahrhundert zeigt, wie es sich auswirkt, wenn eine Zeitlang das Dogma der «Sinneswahrnehmung als einzigem Kriterium für Wirklichkeit» eine Zivilisation von der Universität bis in die Grundschule durchdringt. Dem Denkvermögen, das für den inneren Wahrnehmungsbereich der Wirklichkeit, die in jedem Menschen lebt, unausgebildet und schwach bleibt, wird diese Schwäche dann auch noch vorgeworfen: Es sei unfähig, die Grenzen der Sinneswelt zu durchbrechen. Dabei *ist* das Denken selbst bereits geistige Wirklichkeit, wie sie der Mensch ergreifen kann. Und ergreift er sie nicht, dann bekommt er vor der Wahrnehmung seines eigenen Innenwesens Angst; denn sein Denken ist für diese Wahrnehmung nicht ausgebildet. Die Signatur dieses Jahrhunderts ist diese Angst des Menschen vor sich selbst – und damit auch vor der Innenwelt, die ihm *im anderen Menschen* gegenübertritt. Hier liegt die Quelle der Unfähigkeit, miteinander in Frieden zu leben. Hier liegt eine

Ursache der *Kriege* – von der Familie angefangen bis zu der seit 1945 Jahr für Jahr zunehmenden Anzahl bewaffneter Konflikte der Völker der Welt.

Diese Angst des Menschen vor sich selbst macht ihn zum willfährigen Abnehmer eines Kulturbetriebes, der alle möglichen Mittel zur Selbstbetäubung anbietet. Betäubung über sich selbst, diese andere Signatur des 20. Jahrhunderts, zeitigt aber den Verlust der moralischen Maßstäbe. Mit «seelischen und geistigen Beobachtungsresultaten nach naturwissenschaftlicher Methode»[54] trat die Anthroposophie in diesem Jahrhundert auf, weil eine Menschheit sich moralisch und physisch selbst zerstört, die sich über die Wirklichkeit ihres eigenen Wesens betäubt.

Was
Ihnen
die
Bildzeichen
der
WELEDA
sagen
wollen.

Literaturnachweise

1 Johannes Hemleben, *Charles Darwin.* Hamburg 1968, S. 105.

2 Thomas H. Huxley, *Der Daseinskampf in der menschlichen Gesellschaft.* In: Peter Kropotkin (Anm. 4), dort als Anhang abgedruckt S. 296-307. Dies war die Abhandlung, die Kropotkin zu seiner Schrift veranlaßt hatte.

3 Charles Darwin, *Die Abstammung des Menschen und die geschlechtliche Zuchtwahl.* 6. Auflage, Stuttgart 1919, S. 110 ff.

4 Peter Kropotkin, *Gegenseitige Hilfe in Tier- und Menschenwelt.* Ullstein TB, Frankfurt 1975.

5 Ernst Haeckel, *Natürliche Schöpfungsgeschichte.* Berlin 1902, Bd. I, S. 153 ff.

6 a.a.O., siehe Anm. 5.

7 Kurt Nowak, *«Euthanasie» und Sterilisierung im «Dritten Reich».* Die Konfrontation der evangelischen und katholischen Kirche mit den Gesetzen zur Verhütung erbkranken Nachwuchses und der «Euthanasie»-Aktion. Göttingen 1980, S. 19. Zit. n. Ernst Klee, *Euthanasie im NS-Staat,* Frankfurt 1993, S. 17.

8 Siehe Haeckel unter Anm. 5 und Alexander Tille, *Von Darwin bis Nietzsche* (1895). Zit. n. Ernst Klee, vgl. Anm. 7, S. 17.

9 Cécil Ernst, Eugenik und Nationalsozialismus. *Neue Zürcher Zeitung* vom 31. Oktober 1990.

10 Karl Binding und Alfred Hoche, *Die Freigabe der Vernichtung lebensunwerten Lebens. Ihr Maß und ihre Form.* Leipzig 1920.

11 a.a.O., siehe Anm. 10, zit. n. Ernst Klee, *Euthanasie im NS-Staat,* S. 19 ff. Siehe auch Benigna Schönhagen, Von der Medizinischen Aussonderung zur «Vernichtung lebensunwerten Lebens». In: *Stuttgart im Zweiten Weltkrieg,* Gerlingen 1989, S. 117-133.

12 Siehe Anm. 9.

13 Alexis Carrel, *Der Mensch, das unbekannte Wesen.* Stuttgart, unveränderte (!) Neuauflage 1950.

14 Siehe Anm. 9.

15 Johann W. v. Goethe, *Sprüche in Prosa.* Einleitung und Anmerkungen von Rudolf Steiner. Stuttgart 1967, S. 20, Nr. 11.

16 Rudolf Steiner, *Die Philosophie der Freiheit* (1893). Dornach 1978, S. 147, 237 ff., sowie: *Grundlegendes für eine Erweiterung der Heilkunst* (1925). Dornach 1991, Kap. I.

17 Rudolf Steiner, *Grundlinien einer Erkenntnistheorie der Goetheschen Weltanschauung* (1886). Kap. D: Die Wissenschaft. Dornach 1979.

18 John Stuart Mill, *Der Utilitarismus.* Übers. v. D. Birnbacher. Stuttgart 1976.

19 Rudolf Steiner, *Rätsel der Philosophie.* Dornach 1985, S. 449 ff.

20 Burrhus F. Skinner, Verhaltenspsychologische Analyse des Denkprozesses. In: *B.F. Skinner und Werner Corell: Denken und Lernen.* Braunschweig 1971, S. 26 ff., und B.F. Skinner, *Jenseits von Freiheit und Würde.* Hamburg 1973, S. 22, 29.

21 B.F. Skinner, *Jenseits von Freiheit und Würde,* S. 204 ff.

22 a.a.O., siehe Anm. 21, S. 206.

23 Adolf Hitler, *Mein Kampf.* zit. n. Ernst Klee, *Euthanasie im NS-Staat,* S. 35.

24 Armin J. Husemann, *Seelische Störungen bei Erwachsenen nach in der Kindheit erlittener nationalsozialistischer Verfolgung.* Dissertation Tübingen 1980, S. 21-37.

25 H. Rauschning, *Gespräche mit Hitler.* Europa Verlag, Zürich 1940.

26 *Der Spiegel* 1990/14, S. 199.

27 Johannes Hemleben, *Charles Darwin,* a.a.O., S. 122.

28 Rudolf Steiner, *Die Philosophie der Freiheit* (1893). Dornach 1978.

29 Jens Heisterkamp, *Der biotechnische Mensch.* Frankfurt 1994, S. 42.

30 a.a.O., siehe Anm. 29, S. 29.

31 Renate Riemeck, *Mitteleuropa. Bilanz eines Jahrhunderts.* 3. Aufl. Potsdam 1990, S. 109.

32 W. Kütemeyer. Erst nach Abschluß des Manuskriptes entdeckte ich den ähnlich formulierten Gedanken bei W. Kütemeyer: «Wissenschaft, Methode und Mensch von der Medizin aus gesehen» In: *Menschenzüchtung.* Hrsg. v. Fr. Wagner, 2. Aufl., München 1970, Beck'sche Schwarze Reihe Bd. 63, S. 127.

33 Peter Singer, *Praktische Ethik.* Stuttgart 1994, S. 102 ff.

34 a.a.O., S. 244.

35 a.a.O., S. 123. Siehe dazu auch den Rezensionsartikel von Jan C. Joerden, Muß dieses Buch gelesen werden? – Zum Erscheinen der deutschen Ausgabe von Helga Kukse / Peter Singer: Muß dieses Kind am Leben bleiben? Erlangen 1993. In: *Jahrbuch für Recht und Ethik* Bd. 2, Berlin 1994, hrsg. v. Sharon Bird, Joachim Hruschka, Jan C. Joerden, S. 529-537.

36 Peter Singer, Bioethik und akademische Freiheit. In: Rainer Hegelsmann und Reinhard Merkel (Hrsg.), *Zur Debatte über Euthanasie.* Frankfurt 1992, S. 315 ff.

37 Zit. nach Ernst Klee, a.a.O. (unter Anm. 7), S. 21.

38 Adolf Hitler, zit. n. Ernst Klee, a.a.O., S. 100.

39 Ernst Klee, Von Menschen und Tieren. Eine Kritik der Praktischen Ethik [Peter Singers]. In: *Die Zeit* vom 30.6.1989.

40 Rudolf Steiner, *Die Philosophie der Freiheit,* S. 145 ff.
41 Rudolf Steiner, *Die Philosophie der Freiheit,* S. 200.
42 Johann W. v. Goethe, «Selige Sehnsucht». *Hamburger Ausgabe* Bd. 2, S. 18.
43 Siegwart M. Elsas, Giftbildung und Eiweißzerfall im Nervensystem als Grundlage von Wachbewußtsein und Vorstellungstätigkeit. In: *Der Merkurstab* 1994, 6, S. 550-561.
44 Siehe Wilhelm H. Preuss, *Geist und Stoff.* Stuttgart 1980; Wolfgang Schad (Hrsg.), *Die menschliche Nervenorganisation und die soziale Frage.* Stuttgart 1992, und Gunther Zickwolf, Leben und Bewußtsein. In: W. Schad (Hrsg.), *Goetheanistische Naturwissenschaft Bd. 1: Allgemeine Biologie.* Stuttgart 1982, S. 105-112.
45 Siehe u.a. Raymond Moody, *Leben nach dem Tod.* Mit einem Vorwort von Elisabeth Kübler-Ross. Hamburg 1977; George Ritchie und Elizabeth Sherill, *Rückkehr von morgen.* Marburg 1980, und Calvert Roszell, *Erlebnisse an der Todesschwelle.* Stuttgart 1991.
46 Rudolf Steiner, Der Tod bei Mensch, Tier und Pflanze. Vortrag am 29. Februar 1912. In: *Menschengeschichte im Lichte der Geistesforschung.* Gesamtausgabe Bibl.-Nr. 61, Dornach 1962.
47 Siehe Rudolf Steiner, Reinkarnation und Karma. Vom Standpunkt der Naturwissenschaft aus notwendigen Vorstellungen (1903). In: *Lucifer-Gnosis. Grundlegende Aufsätze zur Anthroposophie.* Dornach 1987.
48 Siehe Rudolf Steiner, *Die Philosophie der Freiheit* (1893). Dornach 1978, S. 145 ff., S. 237 ff.
49 Rudolf Steiner, «Wiederverkörperung des Geistes und Schicksal (Reinkarnation und Karma)», Kap. 2 des Buches *Theosophie* (1904), Dornach 1973, sowie: «Schlaf und Tod», Kap. 3 des Buches *Die Geheimwissenschaft im Umriß* (1910). Dornach 1989.

50 Rudolf Steiner, *Die Schwelle der geistigen Welt* (1913). Dornach 1972, S. 59.

51 Rudolf Steiner, *Der übersinnliche Mensch, anthroposophisch erfaßt.* (Sieben Vorträge, Den Haag 13. – 18. November 1923). Gesamtausgabe Bibl.-Nr. 231. Dornach 1962.

52 Rudolf Steiner, *Theosophie,* a.a.O., S. 116; sowie Vortrag vom 2.6.1906. In: *Kosmogonie* (Vorträge aus dem Jahre 1906), Gesamtausgabe Bibl.-Nr. 94. Dornach 1979.

53 Paolo Bavastro, Anthroposophische Medizin auf der Intensivstation. In: *Persephone* Bd. 8. Dornach 1994.

54 Rudolf Steiner, *Die Philosophie der Freiheit. Seelische Beobachtungsresultate nach naturwissenschaftlicher Methode* (1893). Dornach 1978.

Leben mit außergewöhnlichen Menschen
Praxis Anthroposophie

NILS CHRISTIE

Jenseits von Einsamkeit und Entfremdung

Gemeinschaften für außergewöhnliche Menschen.
Mit einem Nachwort von Hans Müller-Wiedemann.
Aus dem Englischen von Susanne Lenz.
167 Seiten, kartoniert

«Seit zwanzig Jahren fühle ich mich diesen Dorfgemeinschaften verbunden. Ich bin zwischen ihnen und dem Leben in der ‹normalen› Gesellschaft hin- und hergependelt, und jedes Mal ist der Wechsel ein kultureller und emotionaler Schock gewesen. Zwei verschiedene Arten von Leben. Zwei verschiedene Arten von Gründen für das Leben. Doch durch die vorhandenen Unterschiede erhellen sich beide gegenseitig.»

Aus dem Vorwort
Nils Christie, Professor für Kriminologie an der Universität Oslo